Ana Bilić

Croatian Simple Sentences 2
Croatian – English
Textbook

Level A2 = Intermediate Low

2. Edition

Croatian Made Easy

INTRODUCTION

The book "Croatian Simple Sentences 2" offers ready-made sentences for learning. They are grouped according to the topics that Croatian learners at the level A2 – Intermediate Low need. The simple sentences facilitate the use of Croatian in practice and are of great help in the use of the Croatian language.

More information can be found on the Internet:
www.croatian-made-easy.com

ACTFL	CEFR	Croatian-Made Easy
Novice Low Novice Mid, High	A1	Level 0: Easystarts Level 1: Beginners
Intermediate Low	**A2**	**Level 2: Intermediate**
Intermediate Mid Intermediate High	B1 (B1.1) B1 (B1.2)	Level 3: Advanced
Advanced Low Advanced Mid	B2 (B2.1) B2 (B2.2)	Level 4: Perfection
Advanced High	C1	Level 5: Perfection Plus
Superior	C2	Level 6: First Language
Standard Language – Standard Literature		

SADRŽAJ – CONTENT

1. O meni – About me

Životopis – Resume (CV)

Imena mjeseci – Month names

U kojem mjesecu si rođen/rođena? – In which month were you born?

Kada si rođen/rođena? – When were you born?

Datum s brojevima – Date with numbers

Godišnja doba – Seasons

Razgovor za posao – Job interview

Razgovor za praksu – Interview for the internship

Razgovor o školi i o poslu među prijateljima – Talk about school and job among friends

2. Svakodnevica – Everyday life

Na pošti – At the post office

Što trebam danas napraviti? – What should I do today?

Razgovor – Conversation

Reci mi! – Tell me!

Dnevni plan – Daily schedule

Obavljeno za danas! – Done for today!

Provjera – Control

3. Gdje? – Where?

Kupnja kuće – The house purchase

Naš stan / Naša kuća – Our apartment / Our house
Gdje? Tko? Što? – Where? Who? What?
Gdje točno? – Where exactly?
U hotelu – In the hotel
Novi stan – A new apartment
U gradu – In the city

4. Sada i prije – Now and in the past
Lijepa vijest – A beautiful message
Uspomene iz djetinjstva – Memories from childhood
Druge uspomene – Other memories
Sportovi i navijači – Sports and their fans
Navike – Habits
O gostu / O gošći – About the guest
Put do posla – The way to the job
Dogovor – Date
Kolač od jabuka – Apple pie

5. Posao – Job
Poslovni svijet – Business world
Tradicionalni proizvodi iz Hrvatske – Traditional products from Croatia
Planovi iz djetinjstva – Plans from the childhood
Posao mehaničara – The job of a mechanic
Novinarski posao – Journalist´s job

1. O meni – About me

Životopis – Resume (CV)

Što si po zanimanju?	What is your profession?
Kada i gdje si rođen / rođena?	When and where were you born?
Koje godine si rođen / rođena?	In which year were you born?
Gdje si išao/išla u osnovnu školu?	Where did you go to elementary school?
Jesi išao/išla u gimnaziju?	Did you go to high school?
Jesi studirao / studirala?	Have you studied?
Gdje radiš?	Where do you work?
Kako dugo već tamo radiš?	How long have you been working there?
Kakav je tvoj posao?	What is your job like?
Želiš li mijenjati posao?	Do you want to change your job?
Koji su tvoji planovi što se tiče posla?	What are your plans in the job?

Jesi uvijek imao iste hobije?	Have you always had the same hobbies?
Imaš li znanje kompjuterskih programa?	Are you familiar with computer programs?
Jesi se dodatno obrazovao / obrazovala?	Have you done any further education?
Koje strane jezike govoriš?	What foreign languages do you speak?

Imena mjeseci – Month names

Danas počinje siječanj.	Today begins January.
Sutra počinje veljača.	Tomorrow begins February.
Prekosutra počinje ožujak.	The day after tomorrow, March begins.
Jučer je počeo travanj.	April began yesterday.
Prekjučer je počeo svibanj.	May began the day before yesterday.
Danas počinje lipanj.	Today begins June.
Sutra počinje srpanj.	Tomorrow begins July.
Prekosutra počinje kolovoz.	The day after tomorrow, August begins.

Jučer je počeo rujan.	Yesterday began September.
Prekjučer je počeo listopad.	October started the day before yesterday.
Studeni je lijep mjesec.	November is a beautiful month.
Prosinac je hladan mjesec.	December is a cold month.

U kojem mjesecu si rođen/rođena? – In which month were you born?

U siječnju.	In January.
U veljači.	In February.
U ožujku.	In March.
U travnju.	In April.
U svibnju.	In May.
U lipnju.	In June.
U srpnju.	In July.
U kolovozu.	In August.
U rujnu.	In September.
U listopadu.	In October.

U studenom.	In November.
U prosincu.	In December.

Kada si rođen/rođena? – When were you born?

Prv**og** sije**č**n**ja**	01/01
Drug**og** veljač**e**	02/02
Treć**eg** ožuj**ka**	03/03
Četvrt**og** trav**nja**	04/04
Pet**og** svib**nja**	05/05
Šest**og** lip**nja**	06/06
Sedm**og** srp**nja**	07/07
Osm**og** kolovoz**a**	08/08
Devet**og** ruj**na**	09/09
Devetnaest**og** listopad**a**	19/10
Dvadeset**og** studen**og**	20/11
Dvadesetprv**og** prosin**ca**	21/12

Datum s brojevima – Date with numbers

- OG, - OG, - E, - E	
prv**og** prv**og** tisućudevetstočetrdeset<u>prv**e**</u> godine	01/01/1941
<u>drug**og** drug**og**</u> tisućudevetstopedeset<u>drug**e**</u> godine	02/02/1952
<u>treć**eg** treć**eg**</u> tisućudevetstošezdeset<u>treć**e**</u> godine	03/03/1963
četvrt**og** četvrt**og** tisućudevetstosedamdesetčetvr**te** godine	04/04/1974
pet**og** pet**og** tisućudevetstoosamdesetpet**e** godine	05/05/1985
šest**og** šest**og** tisućudevetstodevedesetšeste godine	06/06/1996
sedm**og** sedm**og** dvijetisuć**ite** godine	07/07/2000

osm**og** osm**og** dvijetisuće<u>prve</u> godine	08/08/2001
devet**og** devet**og** dvijetisuće<u>druge</u> godine	09/09/2002
deset**og** deset**og** dvijetisuće<u>treće</u> godine	10/10/2003
jedanaest**og** jedanaest**og** dvijetisućečetvrt<u>e</u> godine	11/11/2004
dvanaest**og** dvanaest**og** dvijetisuće<u>pete</u> godine	12/12/2005

Godišnja doba – Seasons

Sada je proljeće.	It is spring now.
Dolazi ljeto.	Summer is coming.
Opet je jesen.	It's autumn again.
Zima je hladna.	Winter is cold.
Kada počinje proljeće?	When does spring begin?

Proljeće počinje u ožujku.	Spring begins in March.
Proljeće počinje dvadeset-prvog ožujka.	Spring begins on March 21.
Kada počinje ljeto?	When does summer begin?
Ljeto počinje u lipnju.	Summer begins in June.
Ljeto počinje dvadesetprvog lipnja.	Summer begins on June 21.
Kada počinje jesen?	When does autumn begin?
Jesen počinje u rujnu.	Autumn begins in September.
Jesen počinje dvadeset trećeg rujna.	Autumn begins on September 23.
Kada počinje zima?	When does winter begin?
Zima počinje u prosincu.	Winter begins in December.
Zima počinje dvadeset prvog prosinca.	Winter begins on December 21.
Kada? U proljeće.	When? In spring.
Kada? U ljeto.	When? In summer.
Kada? U jesen.	When? In autumn.
Kada? U zimu.	When? In winter.

Razgovor za posao – Job interview

Želim se natjecati za posao prodajnog menadžera.	I am applying for the sales manager position.
Što želite da vam kažem o sebi?	What do you want me to tell about myself?
Prvo nekoliko riječi o mojem školovanju.	First, a few words about my education.
Ja sam kratko radio / radila kao…	I have worked briefly as a …
Ja sam zainteresiran / zainteresirana za posao jer želim biti dio vašeg poslovnog uspjeha.	I am interested in this job because I want to be a part of your company's success.
Vaša tvrtka/firma mi može pomoći da razvijem moj potencijal.	Your company can help me to develop my potential.
Ja sam komunikativan / komunikativna i volim raditi u timu.	I am communicative and like teamwork.
Moja bivša tvrtka/firma je uspješna, ali mogućnosti za razvoj karijere su bile skromne.	My former company was successful, but the career opportunities were modest.
Ja sam sposoban / sposobna prilagoditi se promjenama.	I am able to adapt to changes.

Ja sam informatički obrazovan / obrazovana.	I am computer literate.
Ja brzo učim, odlučan sam i fleksibilan. / Ja brzo učim, odlučna sam i fleksibilna.	I learn quickly, I am determined and flexible.
Koji su sljedeći koraci u natječajnom postupku?	What comes next in the application process?

Razgovor za praksu – Interview for the internship

Imamo dogovor u deset sati.	We have an appointment at 10 o'clock.
Ja želim imati stručnu praksu kod vas jer studiram turizam.	I would like to do a practical job here because I study tourism.
Interesiraju me projekti gdje mogu koristiti strane jezike.	I am interested in the projects where I can use my foreign languages.
Ja govorim nekoliko stranih jezika.	I speak several foreign languages.
Završio sam / Završila sam srednju školu i sada studiram.	I have finished secondary school and now I am studying.

Ja sam na drugoj godini studija.	I am in the second year of my studies.
Radim na mojem diploms-kom radu.	I am working on my diplo-ma thesis.
Ja želim raditi u vašem području rada.	I would like to work in your field of work.

Razgovor o školi i o poslu među prijateljima – Interview about school and job among friends

Kakvi su bili tvoji učitelji?	What were your teachers like?
Jesi volio / voljela ići u školu?	Did you like school?
Što si htio postati?	What did you want to be?
Koji je bio tvoj omiljeni predmet u školi?	What was your favorite subject in school?
Jesi se često selio / selila?	Did you move around a lot?
Jesi dobio posao koji si htio? Jesi dobila posao koji si htjela?	Did you get the job you wanted?
Jesi oženjen? Jesi udana?	Are you married?
Imaš djecu?	Do you have children?

Kada ste se vjenčali?	When did you get married?
Kada si ostala trudna?	When did you get pregnant?
Kada si počeo / počela raditi?	When did you start working?
Ja ne idem na posao autom nego pješice jer je moj ured vrlo blizu.	I don't go to work by car, I walk because my office is nearby.
Ja ne volim raditi prekovremeno.	I don't like to work overtime.
Mi često radimo prekovremeno jer imamo jako puno narudžbi.	We often work overtime because we have a lot of orders.
Djeca su išla u vrtić.	Children went to kindergarten.
Moja mama je čuvala djecu dok smo mi bili na poslu.	My mom took care of the kids while we were at work.
Moj muž često skuha ručak dan prije.	My spouse often cooks lunch the day before.
Ja ću sigurno promijeniti posao.	I´ll change my job for sure.
Moja firma posluje jako dobro.	My company is economically successful.
Ja nemam fiksno radno vrijeme, ja sam privatnik.	I don't have fixed working hours; I work as a private entrepreneur.

On radi kao umjetnik. – Ona radi kao umjetnica.	He works as an artist. – She works as an artist.
Ona radi kao slobodna novinarka i kritičarka.	She works as a self-employed journalist and reviewer.
Mi radimo u istoj firmi.	We are employed in the same company.
Mi imamo malu firmu već godinama.	We have a small company for years.
Ja predajem na školi već pet godina.	I teach in school for 5 years.
Mi smo u braku već deset godina.	We are in marriage for 10 years.
Mi gradimo vikendicu na moru.	We are building a weekend house by the sea.
Naša kćer ima ozbiljnu vezu.	Our son will study economics extraordinarily.
Naš unuk želi osnovati turističku agenciju.	Our grandson wants to start a tourist agency.
Naša unuka je otvorila krojačku radnju.	Our granddaughter has opened a tailor shop.
Moja sestrična je počela studirati matematiku.	My cousin has started to study mathematics.
Moj mali bratić sada pohađa prvi razred osnovne škole.	My little cousin is now attending the first grade of elementary school.

Moj ujak je novinar i komentira političke i društvene događaje.	My uncle is a journalist and comments on political and social events.
Moja strina je odlična komičarka.	My aunt (on my father's side) is an excellent comedian.
Mi smo osnovali trgovačku tvrtku/firmu.	We have started a trade company.
Mi se volimo družiti poslije posla.	We love to meet us after work.
Mi smo samo tkz. (takozvani) obični ljudi.	We are so-called average people.

2. Svakodnevica – Everyday life

Na pošti – At the post office

Čekam na red.	I am standing in line.
Što šalješ?	What are you sending?
Šaljem sinu knjige.	I'm sending the books to my son.
Kome šalješ paket?	To whom are you sending the package?
Šaljem paket ocu na more.	I'm sending the package to my father at the sea.
Kad pošaljem paket, možemo na kavu.	When I have dropped off the package, we can go for coffee.
Moram poslati kolegi preporučeno pismo.	I have to send a registered letter to my colleague.
Ja sam napisao / napisala čestitku mami.	I wrote a greeting card to mom.
On mi stalno šalje poklon za Novu godinu.	He always sends me a gift for the New Year.

Što trebam danas napraviti? – What should I do today?

Moram ići liječniku.	I need/should go to the doctor.
Moram ići zubaru.	I have to/should go to the dentist.
Trebamo doći kući u pet.	We are supposed to be home by 5.
Kome trebaš poslati e-mail?	Who should you send the e-mail to?
Trebam poslati e-mail mami.	I should send an e-mail to my mother.
Koga trebaš posjetiti?	Who should you visit?
Trebam posjetiti prijateljicu.	I should visit my girlfriend.
Kome trebaš dati karte za koncert?	Who should you give the concert tickets to?
Kome trebaš dati izvješća?	Who should you give the reports to?
Trebam dati kolegici izvješća.	I should give the reports to my colleague (*female*).
Što trebaš dati kolegici?	What should you give to your colleague? (*female*)

Trebam joj dati moju mapu.	I should give her my portfolio.
Kome trebaš kupiti poklon?	Who should you buy a gift for?
Trebam kupiti poklon sestri.	I should buy a gift for my sister.
Što trebaš dati sinu?	What should you give your son?
Trebam mu dati novac za izlet.	I'm supposed to give him the money for the trip.
S kime trebaš razgovarati o školi?	Who should you talk to about school?
Trebamo razgovarati s djecom.	We are supposed to talk to the children.
To ne trebaš danas napraviti.	You don't have to do this today.
Što ti želiš danas napraviti?	What do you want to do today?
Što ti danas obavezno moraš napraviti?	What do you have to do today?
Što mi moraš reći?	What do you want to tell me?
Moram ti reći nešto važno.	I have something important to tell you.

Kamo ideš?	Where are you going?
Idem prijateljima, danas slavimo.	I am going to visit my friends (*male*); we are celebrating today.
Idem prijateljicama, danas slavimo.	I'm going to see my friends (*female*); we're celebrating today.
Što ćeš im kupiti?	What are you going to buy for them?
Kupit ću im mali poklon.	I'm going to buy a little present for them.
Ja ću im pokloniti bocu vina.	I'll give them a bottle of wine.
Ja ću im dati poklon poslije.	I'll give him the gift later.

Razgovor – Conversation

reći, kazati = short statement of one person Ja joj to moram odmah reći.	I have to tell her this right now.
Nisi nam to kazao.	You didn't tell us.

govoriti = prolonged speaking of one person	
Ja sam mu cijeli dan govorila o Matildi.	I've been telling him about Matilda all day.
Mi smo mu govorili o plaći.	We told him about the salary.
pričati, razgovarati = prolonged speaking of several people	
Mi smo cijeli dan pričali o projektu.	We've been talking about the project all day.
Možemo navečer razgovarati o tome.	We can talk about it in the evening.

Reci mi! – Tell me!

Svejedno mi je. – Nije mi svejedno.	I don't care about that. - I do care.
Dosadno mi je. – Nije mi dosadno.	I am bored. - I am not bored.
Hladno mi je. – Nije mi hladno.	I am cold. - I'm not cold.
Vruće mi je. – Nije mi vruće.	I'm hot. - I'm not hot.

Loše mi je. – Nije mi loše.	I feel sick. - I don't feel sick.
Pomozi mi! – Ne trebaš mi pomoći!	Help me! - You don't have to help me!
Daj mi to, molim te! – Dajte mi to, molim vas!	Please, give me that!
Pokaži mi! – Pokažite mi!	Show me!

Dnevni plan – Daily schedule

Ja ću dati knjigu prijateljici. – Ja ću joj dati knjigu.	I´ll give the book to the friend. – I´ll give her the book.
Ja ću poslati e-mail pro-fesoru. – Ja ću mu poslati e-mail.	I´ll send the e-mail to the professor. – I´ll send him the email.
Sandra će dati mehaničaru gotovinu. – Sandra će mu dati gotovinu.	Sandra will give the cash to the mechanic. - Sandra will give him the cash.
Mi ćemo ići liječniku ujutro. – Mi ćemo mu ići ujutro.	We are going to see the doc-tor in the morning. - We are going to visit him in the morning.

Mi ćemo zajedno kupiti Tomislavu poklon. – Mi ćemo mu zajedno kupiti poklon.	We´ll buy Tomislav a joint gift. – We´ll buy a joint gift for him.
Mi ćemo ići u posjet baki i djedu za vikend. – Mi ćemo im ići u posjet za vikend.	We´ll visit grandma and grandpa on the weekend. – We´ll visit them at the weekend.
Mi ćemo kupiti roditeljima karte za koncert. – Mi ćemo im kupiti karte za koncert.	We´ll buy concert tickets for parents. – We´ll buy concert tickets for them.
Ja neću kupiti poklon kolegi. – Ja mu neću kupiti poklon.	I don´t want to buy a gift for the colleague. - I don´t want to buy a gift for him.
Ti nećeš poslati e-mail Mariji, zar ne? – Ti joj nećeš poslati e-mail, zar ne?	You're not going to send Maria an email, are you? - You're not going to send her an e-mail, are you?
Ja neću reći Tomislavu ništa. – Ja mu neću reći ništa.	I won't tell Tomislav anything. - I won't tell him anything.
Ja neću kupiti poklon djeci danas. – Ja im neću kupiti poklon danas.	I'm not buying the kids a gift today. - I'm not buying a gift for them today.
Hoćeš li dati Tamari poklon? – Hoćeš li joj dati poklon?	Are you going to give Tamara the present? – Are you going to give her the present?

Hoćeš li dati kolegici kišobran? – Hoćeš li joj dati kišobran?	Do you want to give the umbrella to the colleague? - Do you want to give her the umbrella?
Hoćeš dati sestri tanjur? – Hoćeš joj dati tanjur?	Do you want to give the sister a plate? - Do you want to give her a plate?
Hoćeš dati tati desert? – Hoćeš mu dati desert?	Do you want to give a dessert to dad? - Do you want to give him a dessert?
Ja ću dati Tamari dobar savjet. – Ja ću joj dati dobar savjet.	I'll give Tamara some good advice. - I'll give her some good advice.
Mi ćemo dati unucima novac. – Mi ćemo im dati novac.	We'll give money to the grandchildren. – We'll give them money.
Slavko će napraviti doručak prijateljici. – Slavko će joj napraviti doručak.	Slavko will prepare breakfast for his girlfriend. - Slavko will prepare breakfast for her.
Mi ćemo dati Božidaru informaciju. – Mi ćemo mu dati informaciju.	We'll give Božidar some information. – We'll give him some information.
Ja ću kupiti blizankama slikovnice. – Ja ću im kupiti slikovnice.	I will buy the twin sisters picture books. - I will buy them picture books.

Ja ću teti pokloniti vodene boje. – Ja ću joj pokloniti vodene boje.	I will give the aunt the watercolors. - I will give her the watercolors.
Mi ćemo pokloniti djeci flomastere. – Mi ćemo im pokloniti flomastere.	We´ll give the children felt tip pens. – We´ll give them felt tip pens.
Ja ću pokloniti Marku blok za crtanje. – Ja ću mu pokloniti blok za crtanje.	I will give Marko a drawing pad. - I will give him a drawing pad.

Obavljeno za danas! – Done for today!

Ja sam dala recept prijateljici. – Ja sam joj dala recept.	I gave my girlfriend a recipe. - I gave her a recipe.
Ja sam napisao razglednicu djedu i baki. – Ja sam im napisao razglednicu.	I wrote a postcard for grandpa and grandma. - I wrote a postcard for them.
On je rekao tati istinu. – On mu je rekao istinu.	He told dad the truth. - He told him the truth.
Sonja je poslala kolegama e-mail. – Sonja im je poslala e-mail.	Sonja sent an e-mail to the colleagues. - Sonja sent them an e-mail.
Ja nisam kupio poklon prijateljici. – Ja joj nisam kupio poklon.	I didn't buy a gift for my friend. - I didn't buy a gift for her.

Ona nije rekla kolegi sve o poslu. – Ona mu nije rekla sve o poslu.	She didn't tell the colleague everything about work. - She didn´t tell him everything about work.
Veronika nije danas poslala račun mušteriji. – Veronika mu nije danas poslala račun.	Veronika didn´t send an invoice to the customer today. - Veronika didn´t send him an invoice today.
Tea nije kupila roditeljima poklon danas. – Tea im nije kupila poklon danas.	Tea didn't buy a gift for parents today. - Tea didn't buy a gift for them today.
Ja sam Ivanu dala ključeve. – Ja sam mu dala ključeve.	I gave Ivan the keys. - I gave him the keys.
Ja sam dala kišobran Zlatku i Marini. – Ja sam im dala kišobran.	I gave the umbrella to Zlatko and Marina. - I gave them the umbrella.
Mi smo dali papire Nini i Dušici. – Mi smo im dali papire.	We gave the documents to Nina and Dušica. - We gave them the documents.

Provjera – Control

| Jesi rekla Tamari? – Jesi joj rekla? | Did you tell Tamara? - Did you tell her? |

Jesi napisao bratu e-mail? – Jesi mu napisao e-mail?	Did you email your brother? - Did you send him an e-mail?
Jesi kupio sinu poklon? – Jesi mu kupio poklon?	Did you buy a gift for your son? - Did you buy a gift for him?
Jesmo dali Mireli knjigu? – Jesmo joj dali knjigu?	Did we give the book to Mirela? - Did we give her the book?
Jesu oni poklonili auto Ivanu i Marku? – Jesu im oni poklonili auto?	Did you give the car to Ivan and Marko? - Did you give them the car?
Jesu oni poslali novac djeci? – Jesu im oni poslali novac?	Did they send the money to the children? - Did they send them the money?
Jesi pisala Veri? – Jesi joj pisala?	Did you write to Vera? - Did you write to her?
Jesi poslao paket bratu? – Jesi mu poslao paket?	Did you send the package to your brother? - Did you send the package to him?
Jesi kupio slikovnicu djeci? – Jesi im kupio slikovnicu?	Did you buy a picture book for the kids? - Did you buy a picture book for them?
Jesi kupio sinu bicikl? – Jesi mu kupio bicikl?	Did you buy a bike for your son? - Did you buy a bike for him?

Jesi dao Aniti ključeve? – Jesi joj dao ključeve?	Did you give Anita the keys? - Did you give her keys?
Jesi pomogao baki? – Jesi joj pomogao?	Did you help grandma? - Did you help her?
Jesmo dali Biserki novac za užinu? – Jesmo joj dali novac za užinu?	Did we give Biserka lunch money? - Did we give her lunch money?
Jesi Nini kupila nove cipele? – Jesi joj kupila nove cipele?	Did you buy new shoes for Nina? - Did you buy new shoes for her?
Jesi pričala Vesni kako je bilo prije? – Jesi joj pričala kako je bilo prije?	Did you tell Vesna how it used to be? - Did you tell her how it used to be?
Jesi rekao Ani što je napravila krivo? – Jesi joj rekao što je napravila krivo?	Did you tell Ana what she did wrong? - Did you tell her what she did wrong?
Što mu trebam dati?	What should I give him?
Zašto vam on treba poslati račun?	Why should he send you a bill?
Što mi moraš reći?	What do you want to tell me?
Kada mi to trebaš dati?	When do you need to give me this?

Što ti sada treba?	What do you need right now?
Možeš li mu pomoći?	Can you help him?
Kako ti mogu pomoći?	How can I help you?

3. Gdje? – Where?

Kupnja kuće – The house purchase

Imam dobru vijest.	I have a good news.
Kupio / Kupila sam kuću.	I bought a house.
Gdje se kuća točno nalazi?	Where exactly is the house located?
Četvrt se nalazi zapadno od centra.	The district is located west of the center.
Četvrt se nalazi istočno od stare gradske jezgre.	The district is located east of the old town.
Kuća ima dva kata, a svaki kat ima pedeset dva kvadratna metra.	The house has two floors and each floor has 52 square meters.
Ukupno dvije sobe / tri sobe / četiri sobe. Pet soba.	Total 2 / 3 / 4 rooms. 5 rooms.
Kuća ima dvije terase.	The house has two terraces.
Oko kuće je malo dvorište.	Around the house is a small courtyard.
Ispred kuće je mali vrt.	In front of the house there is a small garden.

Iza kuće je veliki vrt.	There is a large garden behind the house.
Kako je s gradskim prijevozom?	What about transportation?
Nedaleko od kuće je autobusna stanica, pješice tri minute.	Not far from the house there is a bus stop, three minutes' walk.
Trgovina je odmah do kuće.	The grocery store is right next to the house.
Liječnik ima ordinaciju iza autobusne stanice.	The doctor has the office behind the bus stop.
Gdje je plaža?	Where is the beach?
Tako su mi rekli susjedi.	That's what the neighbors told me.
Susjedi su veoma gostoljubivi.	The neighbors are very hospitable.
Ispred kuće je garaža.	There is a garage in front of the house.
Pokraj kuće = kraj kuće je samoposluga.	There is a supermarket next to the house.
Do liječnika nije daleko: pet minuta pješice.	It is not far to the doctor: 5 minutes' walk.
Bolnica je iza trgovine.	The hospital is behind the store.

Oko bolnice je veliki lijepi vrt.	Around the hospital is a large beautiful garden.
Odmah kraj bolnice nalazi se veliki trgovački centar.	Right next to the hospital is a big shopping center.
Lijevo od trgovine je bolnica.	To the left of the store is the hospital.
Desno do bolnice je javna garaža.	To the right of the hospital is a public garage.
Kraj parka je škola.	Next to the park is the school.
Od kuće do trgovine je samo deset minuta pješice.	From the house to the store is only 10 minutes' walk.
More se nalazi dvije ulice dalje.	The sea is two streets away.
Bolnica se nalazi desno od trgovine.	The hospital is on the right side of the store.
Autobusna stanica je iza parka.	The bus stop is behind the park.
Kino je lijevo od autobusne stanice.	The cinema is to the left of the bus stop.
Javna garaža je ispod kina.	There is a public garage under the cinema.

Naš stan / Naša kuća – Our apartment / Our house

Znaš, iznad našeg stana je terasa.	You know, above our apartment is the terrace.
Oko tvoje kuće je veliki vrt, zar ne?	Around your house is a big garden, isn't it?
Pokraj njegove garaže je veliki voćnjak.	Next to his garage is a big orchard.
Ispod našeg stana stanuje Ivan.	Ivan lives under our apartment.
Kod vaše zgrade je bankomat, zar ne?	By your building (house) there is an ATM, isn't it?
Od njihovog stana do naše kuće nije daleko.	From his apartment to our house is not far.
Kraj naše kuće je malo jezero.	Next to our house there is a small lake.
Oko naših zgrada su lijepi vrtovi.	Around our buildings (houses) there are beautiful gardens.
Iza njihovih zgrada su velika parkirališta.	Behind their buildings (houses) there are big parking lots.
Lijevo od moje kuće stanuje Nina.	To the left of my house lives Nina.

Desno od moje kuće je škola.	To the right of my house is the school.

Gdje? Tko? Što? – Where? Who? What?

Iza mene je stajao Marko.	Marko was standing behind me.
Ispred tebe je još dugi put.	You still have a long way to go.
Do Borisa? Do njega nije lako doći.	To Boris? It's not easy to reach him.
Kod Marine? Da, kod nje slavimo.	At Marina's? Yes, we'll celebrate at her place.
Ispod nas je još jedan kat.	There's another floor above us.
Iznad kina je još jedno kino, ali ono je vrlo malo.	Above the cinema there's another cinema, but it's very small.
Vidiš Anitu i Manfreda? Kraj njih je veliki crni auto.	Do you see Anita and Manfred? There is a black car next to them.

Gdje točno? – Where exactly?

Gdje stoji Marko? – Ispred Nine. – Ispred koga? – Ispred nje.	Where is Marko standing? - In front of Nina. - In front of whom? - In front of her.
Gdje je park? – Iza parkirališta. – Iza čega? – Iza njega.	Where is the park? - Behind the parking lot. - Behind what? – Behind it.
Gdje je Tomislav? – Trči oko Ivana i Slavka. – Oko koga? – Oko njih.	Where's Tomislav? - Running around Ivan and Slavko. - Around who? - Around them.
Kraj koga spava Nina? – Kraj Anite. – Kraj koga? – Kraj nje.	Who is Nina sleeping next to? - Next to Anita. - Next to who? - Next to her.
Do koga sjedi Katarina? – Do Stele. – Do koga? – Do nje.	Next to whom is Katarina sitting? - Next to Stela. - Next to whom? - Next to her.
Gdje je tvoj stan? – Iznad trgovine. – Iznad čega? – Iznad nje.	Where is your apartment? - Above the store. - Above what? – Above it.
Gdje visi tvoja slika? – Iznad zidnog sata. – Gdje? – Tamo, iznad njega.	Where does your picture hang? - Above the wall clock. - Where? - There, above it.

U hotelu – In the hotel

Gdje je hotel? – Nasuprot parka.	Where is the hotel? - Across the park.
Gdje je recepcija? – U sredini hola.	Where is the reception? - In the middle of the lobby.
Što ima hotel osim soba? – Bazen i saunu.	What else is there in the hotel, besides rooms? - A swimming pool and a sauna.
Želim rezervirati sobu od ponedjeljka do petka.	I would like to book a room from Monday to Friday.
Od kada do kada?	From when to when?
Imate samo dvokrevetne sobe?	Do you have only double rooms?
Oni imaju jednokrevetne, dvokrevetne i trokrevetne sobe.	They have single rooms, double rooms and rooms with three beds.
Svaka soba ima mali hladnjak i internet priključak.	Each room has a small fridge and Internet connection.
U kupaonici je WC, tuš kabina i fen.	In the bathroom, there are toilet, shower cabin, and a hairdryer.

Desno od vrata je veliki ormar, a kraj kreveta su noćni ormarići.	To the right of the door is a large wardrobe, and next to the bed are nightstands.
Lijevo od vrata je pisaći stol.	To the left of the door is a desk.
U sobi je stol s dvije stolice.	In the room, there is a table with two chairs.
Iznad radnog stola je televizor.	Above the desk there is a TV.
Gdje se nalazi točno hotel? Ja ne volim buku.	Where exactly is the hotel? I don't like the noise.
Balkon je mali, ali ima pogled na more.	The balcony is small, but it has a sea view.
Soba se čisti svaki dan.	The room will be cleaned every day.
Korištenje bazena je besplatno.	The swimming pool is free to use.

Novi stan – A new apartment

Ja znam dobru agenciju za prodaju nekretnina.	I know a good real estate agency.

Želim kupiti dvosoban stan blizu centra grada.	I would like to buy a two-room apartment near the center.
Želim novi stan, ali treba biti povoljan.	I want a new apartment, but it should be cheap.
Stan ima šezdeset kvadrat-nih metara, na trećem je katu i ima balkon.	The apartment has 60 square meters, is on the 3rd floor and has a balcony.
Stan je na drugom katu.	The apartment is on the 2nd floor.
Stan se nalazi u prizemlju.	The apartment is on the first floor.
Zgrada je izgrađena tisuću devetsto devedeset osme godine.	The building was built in 1998.
Vlasnici grade kuću i zato žele prodati stan.	The owners are building a house and therefore want to sell the apartment.
Koja je cijena stana?	What is the price of the apartment?
Dvije tisuće petsto eura po kvadratnom metru.	2.500 Euro per square meter.

Stan ima dvije sobe – dnevnu i spavaću, malu ugrađenu kuhinju, ostavu, veliko predsoblje i kupaonicu s WC-om.	The apartment has two rooms - a living room and a bedroom, a small kitchenette, storage room, a large hallway, and a bathroom with toilet.
U kuhinji je nova peć, hladnjak, mikrovalna pećnica i sudoper.	In the kitchen there is a new stove, refrigerator, microwave, and sink.
Ponuda je interesantna.	The offer is interesting.
Ponuda više nije na raspolaganju.	The offer is no longer available.

U gradu – In the city

Na raskrižju se nalazi trgovina koju tražite.	At the intersection is the store you are looking for.
Nakon raskrižja trebate ići lijevo.	After the intersection, turn left.
Nakon raskrižja skrenite desno – tamo je adresa koju tražite.	After the intersection turn right - there is the address you are looking for.
Na uglu se nalazi veliki kafić.	On the corner, there is a big cafe.

Od restorana do autobusne stanice nije daleko.	It is not far from the restaurant to the bus stop.
Poslije autobusne stanice možete još jednom pitati.	After the bus stop you can ask again.
Banka se nalazi odmah iza ugla.	The bank is just around the corner.
Uđite u prvu ulicu desno!	Go to the first street on the right!
Ne mogu naći adresu na planu grada.	I can't find the address on the map.
Druga ulica lijevo je ulica koju tražite.	The second street on the left is the street you are looking for.
Tamo ćete naći knjižaru koju tražite.	There you will find the bookstore you are looking for.
Na kraju ulice je trgovina odjeće.	At the end of the street is a fashion store.
Nakon trgovine skrenite desno.	After the store, turn right.
Nasuprot crkve nalazi se pošta.	Opposite the church is the post office.
Željeznički kolodvor je nasuprot parka.	The train station is opposite the park.
Kazalište je vrlo blizu.	The theater is very close.

4. Sada i prije – Now and in the past

Lijepa vijest – A beautiful message

Ona je rodila djevojčicu prije dva mjeseca.	She gave birth to a baby girl two months ago.
Oni su se radovali bebi.	They were happy about the baby.
Beba se stalno smije.	The baby laughs all the time.
Filip se stalno igrao s bebom.	Filip played with the baby all the time.
Ja sam se isto smijao.	I was laughing too.
Svi su kupali bebu.	Everybody was bathing the baby.
Beba se mijenjala skoro svaki dan.	The baby was changing almost every day.
Beba se puno odmarala.	The baby rested a lot.
On je često pričao bebi.	He talked a lot about the baby.
Beba se budila vrlo rano.	The baby woke up very early.

Uspomene iz djetinjstva – Memories from childhood

Ti si bio živahna beba.	You were a lively baby.
Ja nisam volio spavati kad sam bio beba. – Ja nisam voljela spavati kad sam bila beba.	I didn't like to sleep when I was a baby.
Kad sam bio mali, više sam se smijao. – Kad sam bila mala, više sam se smijala.	When I was little, I laughed more.
Ja sam se igrao/igrala s djecom iz susjedstva.	I played with neighborhood kids.
Mi smo se igrali „lovača" i „skrivača".	We played "tag" and "hide and seek."
Kad sam bio mali, morao sam spavati poslijepodne. – Kad sam bila mala, morala sam spavati poslijepodne.	When I was little, I had to take an afternoon nap.
Kad sam bio mali, bio sam često kod bake i djeda. – Kad sam bila mala, bila sam često kod bake i djeda.	When I was little, I often went to grandma and grandpa's house.
Ja sam se uvijek veselio/ veselila rođendanu.	I was always happy about my birthday.

Jednom sam bio bolestan kad sam imao rođendan. – Jednom sam bila bolesna kad sam imala rođendan.	Once I was sick when it was my birthday.
Kad je gradivo u školi bilo teško, nisam se radovao školi.	When the subject matter was difficult at school, I was not happy about school.
Ja sam se uvijek radovao/ radovala moru.	I was always happy about the sea.
Ja sam se cijeli dan kupao/ kupala u moru.	I bathed in the sea all day long.

Druge uspomene – Other memories

Ja se nisam smijao jer to nije bilo smiješno. – Ja se nisam smijala jer to nije bilo smiješno.	I didn't laugh because it wasn't funny.
On se nije igrao jer je morao učiti. – Ona se nije igrala jer je morala učiti.	He didn't play because he had to study. - She didn't play because she had to study.
Mi se nismo kupali u moru jer je voda bila hladna kao led.	We didn´t swim in the sea because the water was freezing cold.

Ja se nisam budio/budila sve do ručka.	I didn't wake up until lunch.
Nisam se veselio novim predavanjima jer sam imao još ispite. – Nisam se veselila novim predavanjima jer sam imala još ispite.	I didn't look forward to the new lectures because I still had exams.
Bio sam premlad. – Bila sam premlada.	I was too young.
Moje prvo jelo koje sam skuhao/skuhala, bilo je bljutavo.	The first dish I prepared was bland.
Ja sam se radovao/radovala izletima.	I was looking forward to trips.
Mi smo išli pješice na izlet.	We went on the trip on foot.
Mi smo se usput kratko odmarali.	We took short breaks along the way.
U zimi smo se uvijek sanjkali.	In winter we used to go sledding.

Sportovi i navijači – Sports and their fans

Mi smo se nadali pobjedi našeg kluba.	We were hoping for the victory of our club.

Jeste se radovali pobjedi?	Were you happy about the victory?
Igrači su se mijenjali u toku igre.	The players were changed during the game.
Oni su dogovarali taktiku u pauzi.	They discussed tactics during the break.
Oni se nisu odmarali u pauzi.	They didn't rest during the break.
Naš klub će pobijediti u subotu.	Our club will win on Saturday.
Oni će se odmarati poslije meča.	They´ll rest after the match.
Ne, oni se neće odmarati jer sutra imaju novu utakmicu.	No, they will not rest, because tomorrow they have another match.

Navike – Habits

Ja se šetam. – Ja šetam bebu.	I am going for a walk. - I take a walk with the baby.
Ja se vozim svaki dan. – Ja vozim bicikl svaki dan.	I ride the bike every day. - I ride the bike every day.

Ja se kupam. – Ja kupam bebu.	I take a bath. - I bathe the baby.
Ja se sunčam. – Ja sunčam samo noge.	I sunbathe. - I sunbathe only my legs.
Ja se češljam. – Ja češljam kosu svako jutro.	I comb my hair. - I comb my hair every morning.
Ja se umivam. – Ja umivam lice svaki dan.	I wash my face. - I wash my face every day.
Ja se perem. – Ja perem noge.	I wash myself. - I wash my legs.
Ja se oblačim moderno. – Ja oblačim danas novi kaput.	I dress myself in a modern way. - I put on my new coat today.

O gostu / O gošći – About the guest

doći Vanja je došao/došla jučer u Zagreb. (*Vanja is unisex name*)	to come - arrive at destination Vanja arrived in Zagreb yesterday.

stići	to arrive - to come at a certain time; to accomplish something, to manage sth.
Ja sam stigao/stigla kući u sedam sati.	I arrived home at 7 o'clock.
Vanja je već bio/bila na vratima, a ja nisam stigao/ stigla napraviti večeru.	Vanja was already at the door, and I did not manage to prepare dinner.
ići	to come, to go
Vanja je išao/išla po stepenicama, a ne liftom.	Vanja came by the stairs, not by the elevator.
otići	to (go)away - to leave a place
Vanja je otišao/otišla navečer u grad.	Vanja went to town in the evening.
naći	to find
Vanja je našao/našla dobar lokal u gradu.	Vanja found a good place to eat.
pomoći	to help
Ja sam pomogao/pomogla Vanji oko narudžbe.	I helped Vanja with his order.
Ja sam došao/došla s posla prilično umoran/umorna. (doći)	I came home from work pretty tired.
Dobro je – stigao/stigla sam na vrijeme. (stići)	Good - I got it in time.

Vanja, jesi išao/išla prošle godine na godišnji odmor? (ići)	Vanja, were you on vacation last year?
Vanja je otišao/otišla prije sat vremena. (otići)	Vanja left an hour ago.
On još nije otišao, još uvijek doručkuje. – Ona još nije otišla, još uvijek doručkuje. (otići)	He hasn't left yet, he's still having breakfast. - She hasn't left yet, she's still having breakfast.
Našao/našla sam zgodni suvenir za Vanju. (naći)	I found a nice souvenir for Vanja.
Ja sam mu/joj pomogao oko pakiranja. (pomoći)	I helped him/her pack it.
Možeš kratko doći? (doći)	Can you come for a minute?
Neću stići na vlak. (stići)	I can't manage to catch the train.
Ići ćemo sutra u kino. Može? (ići)	We're going to the movies tomorrow. All right?
Ne mogu sada otići jer me Luka treba. (otići)	I can't leave now because Luka needs me.
Danas je stigao Vanja, a sutra će stići i Mirela. (stići)	Today Vanja came, and tomorrow Mirela will come.
Vjenčani kumovi? Kad su oni stigli? (stići)	Best man? When did they come?

Mi nismo bili kod kuće, otišli smo na večeru. (otići)	We were not at home, we went out to dinner.
Gdje ću naći smještaj za goste? (naći)	Where can I find accommodation for guests?
Ja ću doći brzo. (doći)	I´ll come quickly.
Sonja je brzo došla. (doći)	Sonja came quickly.
Oni će sigurno stići do 5. – Oni su stigli do 5. (stići)	They will surely come by 5. - They came by 5.
Mi možemo ići u klub poslije večere. (ići)	We can go to the club after dinner.
Moja prijateljica će naći dobar lokal. (naći)	My friend will find a good place.
Tihana je našla bolji lokal. (naći)	Tihana found a better place.
Moj tata će nam pomoći oko ručka. (pomoći)	My father will help us with lunch.
Stipe mi je pomogao oko smještaja. (pomoći)	Stipe helped me with the accommodation.

Put do posla – The way to the job

ući – ja sam ušao/ušla Ja sam ušao/ušla u tramvaj.	to get in / to get on I got on the streetcar.
izaći – ja sam izašao/izašla On je izašao iz autobusa. – Ona je izašla iz autobusa.	to get out / to get off He got off the bus. - She got off the bus.
preći – ja sam prešao/prešla Ja sam prešla ulicu.	to cross I crossed the street.
sjesti – ja sam sjeo/sjela On je sjeo na prvo slobodno mjesto. – Ona je sjela na prvo slobodno mjesto.	to sit down He sat down in the first available seat. - She sat down in the first available seat.
ustati – ja sam ustao/ustala On je ustao i izašao na sljedećoj stanici.	to stand up, to get up He got up and got off at the next stop.
Luka je izašao iz trgovine. (izaći)	Luka went out of the store.
Nina je ušla u zgradu. (ući)	Nina went into the building.

Dogovor – Date

Ja sam se kratko tуширao/tуширala.	I took a quick shower.
Ja sam oprao/oprala zube.	I brushed my teeth.
Ja sam se pažljivo češljao/češljala.	I combed my hair carefully.
Ja sam našao/našla vrijeme i za kratki telefonski razgovor.	I also found time for a quick phone call.
Luka mi je pomogao oko cipela.	Luka helped me with my shoes.
Ja sam izašao/izašla iz kuće na vrijeme.	I got out of the house on time.
Ja sam se vozio/vozio tramvajem dvije stanice.	I took the streetcar for two stops.
Onda sam ušao/ušla u pogrešan autobus.	Then I got on the wrong bus.
Ja sam dugo sjedio/sjedila u busu i dugo sam se vozio/vozila.	I sat on the bus for a long time and drove for a long time.
Kada si stigao/stigla?	When did you come?
Uđi, molim te!	Come in, please!

Mi nećemo ići pješice do restorana, zar ne?	We're not walking to the restaurant, are we?
Dođi, trebam te kratko!	Come, I need you for a minute!
Luka pita hoćemo li doći na rođendan.	Luka asks if we´ll come to the birthday.
Molim te, nađi slobodno mjesto!	Please, find a free seat!
Zadnji put smo otišli prije ponoći, zar ne?	Last time we left before midnight, didn't we?
On nije dugo izašao iz garderobe i mi smo ga dugo čekali.	He didn't come out of the dressing room for long and we waited for him for a long time.

Kolač od jabuka – Apple pie *(ovaj, ova, ovo – taj, ta, to – onaj, ona, ono)*

Ova jabuka nije dobra.	This apple is not good. *(close to the speaker)*
Ovo brašno nije svježe.	This flour is not fresh. *(close to the speaker)*
Ovo jaje ima pečat kvalitete.	This egg has the quality seals. *(close to speaker)*

To jaje nije dobro.	This egg is not good. (*close to the interlocutor*)
Ona jabuka nije pokvarena.	The apple is not spoiled. (*neither after the speaker nor close to the interlocutor*).
Hoćeš mi dodati **to** brašno?	Can you pass me the flour? (*close to the interlocutor*)
Ovaj šećer je star.	This sugar is old. (*close to the speaker*)
Ne, **taj** šećer je svjež.	No, this sugar is fresh. (*close to interlocutor*)
Hoćemo uzeti **onaj** smeđi šećer?	Do we want to use the brown sugar? (*neither after the speaker nor close to the interlocutor*).

5. Posao – Job

Poslovni svijet – Business world

On je otvorio trgovačku tvrtku/firmu.	He started a trading company.
Oni izvoze tradicionalne hrvatske proizvode.	They export traditional Croatian products.
Oni nude proizvode putem interneta.	They offer their products online.
Oni imaju filijale u Zagrebu i u Puli.	They have branches in Zagreb and in Pula.
Oni imaju puno mušterija jer su njihovi proizvodi dobri i kvalitetni.	They have many customers because their products are good and of high quality.
Oni žele osvojiti tržište s novim proizvodima.	They want to conquer the market with new products.
Mi kupujemo samo njihove proizvode.	We buy only their products.
Naša tvornica ima veliku kantinu.	Our company has a big canteen.

Ja prijepodne tipkam poslovna pisma s mojim kolegom.	I type business letters with my colleagues in the morning.
Mi imamo pauzu pola sata.	We have a half hour break.
Imam svaki dan poslovne razgovore.	We have business meetings every day.
Mi smo u kontaktu s njihovom firmom.	We are in contact with their company.
On je upravo na poslovnom sastanku s našim kolegom.	He is just at the business meeting with our colleague.
Oni su dugo razgovarali o poslovnim planovima.	They talked for a long time about the business plans.
Navečer imamo poslovnu večeru.	In the evening we have a business dinner.
Sutra putujemo u inozemstvo.	Tomorrow we are going abroad.
Njihov menadžer je organizirao mali izlet.	Their manager has organized a small trip.
Ona je novinarka po zanimanju.	She is a journalist by profession.
Ona piše o kulturnim i umjetničkim događanjima.	She reports on cultural and artistic events.

Ona radi za „Jutarnji list". – On radi za „Večernji list".	She works for "Jutarnji list" (*Morning Paper*). - He works for " Večernji list" (*Evening Paper*).
Oni pišu o izložbama, o filmovima i knjigama.	They write about exhibitions, films and books.
Oni pišu članke, kritike i izvješća.	They write articles, reviews and reports.
Oni intervjuiraju umjetnike, pisce, izdavače i redatelje.	They do interviews with artists, writers, publishers and film directors.

Tradicionalni proizvodi iz Hrvatske – Traditional products from Croatia

Mi kupujemo maslinovo ulje iz Dalmacije.	We buy Dalmatian olive oil.
Ja volim zagorska vina i istarski pršut.	I like wines from Zagorje and ham from Istria.
Ne, nisam nikada probao/ probala slavonske mesne specijalitete.	No, I have never tasted Slavonian meat specialties.
Paški sir je hrvatski specijalitet – to je sir s otoka Paga.	"Paški sir" is a Croatian specialty - it is the cheese from the island Pag.

Tvornica „Kraš" je poznata tvornica čokolade i mi uvijek kupujemo njihove proizvode.	The factory "Kraš" is a famous chocolate factory and we always buy their products.
Nisam nikada vidio pašku čipku, ali znam da je ona poznata.	I have never seen the lace from the island Pag, but I know that it is famous.
Na Pagu je poznata solana – njihova sol je zaista drugačija.	On the island Pag there is a salt works - their salt is really different.

Planovi iz djetinjstva – Plans from the childhood

Kad sam bio mali, htio sam biti učitelj. – Kad sam bila mala, htjela sam biti učiteljica.	When I was little, I wanted to be a teacher.
Kad je moj brat bio mali, htio je biti glumac.	When my brother was little, he wanted to be an actor.
Ja sam svirao klavir i htio sam postati profesor glazbe (muzike). – Ja sam svirala klavir i htjela sam postati profesorica glazbe (muzike).	I played the piano and wanted to be a music professor.

Ja sam odlično igrao košarku i htio sam postati profesionalni košarkaš. – Ja sam odlično igrala košarku i htjela sam postati profesionalna košarkašica.	I played basketball excellently and wanted to be a professional player.
Budući da je moj prijatelj igrao šah, i ja sam htio igrati šah.	Since my friend played chess, I wanted to play chess too.
Pošto nisam voljela svirati gitaru, nisam nastavila s tečajem.	Since I didn't like playing guitar, I didn't continue the course.
Budući da nisam previše voljela balet, nisam nastavila s plesom.	Since I didn't like ballet very much, I didn't continue the dance.
Pošto nisam voljela glumiti, nisam postala glumica.	Since I didn't like acting, I didn't become an actress.
Pošto sam voljela ići u slastičarnicu, htjela sam biti prodavačica.	Since I liked to go to the pastry shop, I wanted to become a saleswoman.
Pošto sam volio ići u cirkus, htio sam biti klaun.	Since I liked to go to the circus, I wanted to become a clown.
Pošto je moj otac bio zidar, i ja sam htjela biti zidar.	Since my father was a bricklayer by profession, I wanted to be a bricklayer too.

Pošto je moja mama bila medicinska sestra, ja sam htio biti bolničar.	Since my mother was a nurse, I wanted to be a nurse.

Posao mehaničara – The job of a mechanic

Moj ujak je mehaničar po zanimanju.	My uncle is a mechanic by profession.
On ima mehaničarku radionicu za popravak automobila.	He has a mechanic workshop for car repair.
On nema šefa, on je svoj šef.	He has no boss, he is his own boss.
On je zadovoljan s poslom i s mušterijama.	He is satisfied with the job and with the customers.
On ima nekoliko radnika i oni su zadovoljni.	He has some employees and they are satisfied.
Radnici su zadovoljni jer posao nije težak, plaća je dobra i šef je ugodan.	The employees are satisfied because the job is not difficult, the salary is good and the boss is pleasant.
On ima stalne mušterije.	He has regular customers.

Novinarski posao – Journalist´s job

Ona voli ljude i voli pisati o ljudima.	She likes people and likes to write about people.
On je često u kontaktu s ljudima zbog posla.	He is often in contact with people because of the job.
Oni vole razgovarati ili ćaskati s ljudima.	They like to talk or chat with people.
Ona je provela dva sata u razgovoru s njom/ s njim.	She spent two hours talking with him / with her.
Ona je bila s njezinim/s njegovim radovima oduševljena.	She was enthusiastic about her / his works.
Mi smo bili na premijeri filma.	We were at the premiere of the film.
Glavni glumac je pričao o radu sa redateljem.	The main actor was talking about the cooperation with the director.
Ona je razgovarala s njim o njegovoj filmskoj karijeri.	She was talking with him about his film career.
On igra i u hrvatskim i u svjetskim filmskim produkcijama.	He acts in both Croatian and international film productions.
Ona će imati u Hrvatskoj niz koncerata.	She is going to hold a series of concerts in Croatia.

Ona voli ritam istarske narodne glazbe.	She likes the rhythm of Istrian folk music.
Kazališne predstave se održavaju u zatvorenom i na otvorenom prostoru.	Theatrical performances take place indoors and outdoors.
Razgovori su bili jako interesantni.	Conversations were very interesting.
U Puli se svake godine održava Festival igranog filma.	In Pula, every year there is a film festival.
To je nacionalni festival domaćeg filma.	This is the national festival of domestic film productions.
Oni će izvještavati o filmovima i pisati kritike.	They´ll report on films and write reviews.

My simple sentences

	65

My simple sentences

	66

My simple sentences

My simple sentences

	68

My simple sentences

My simple sentences

	70

My simple sentences

My simple sentences

	72
My simple sentences	

My simple sentences

	73

My simple sentences

	74
My simple sentences	

Croatian made easy
Available from November 2023

TEXTBOOKS

Level 0: Easystarts (A1) – up to 400 words

Ana Bilić: Croatian Simple Sentences 1
paperback, e-book, audio book and interactive e-book with audio

Ana Bilić: Croatian Simple Sentences 2
paperback, e-book, audio book and interactive e-book with audio

READING BOOKS

Level 0: Easystarts (A1) – up to 400 words

Ana Bilić: My Long-Distance Relationship / Moja daleka ljubav
paperback, e-book, audio book and interactive e-book with audio

Ana Bilić: The Silver Lamp / Srebrna lampa
paperback, e-book, audio book and interactive e-book with audio

Ana Bilić: The Stone Vase / Kamena vaza
paperback, e-book, audio book and interactive e-book with audio

Level 1: Beginners (A1 – A2) – up to 800 words

Ana Bilić: The Extraordinary Challenge / Izuzetni izazov
paperback, e-book, audio book and interactive e-book with audio

Ana Bilić: A Definite Thing / Definitivna stvar
paperback and e-book

Ana Bilić: The Little Big Decision / Mala velika odluka
paperback and e-book

Level 2: Intermediate (A2) – up to 1200 words

Ana Bilić: Next to me / Kraj mene
paperback, e-book, audio book and interactive e-book with audio

Ana Bilić: The Stranger / Stranac
paperback and e-book

Level 3: Advanced (B1) – up to 1700 words

Ana Bilić: The Girlfriends / Prijateljice
paperback and e-book

Ana Bilić: Summer Holiday in Istria / Ljetovanje u Istri
paperback, e-book, audio book and interactive e-book

Ana Bilić: Departure / Odlazak
paperback and e-book

Level 4: Perfection (B2) – up to 2200 words

Ana Bilić: My Name is Monika – Part 1 / Moje ime je Monika – 1. dio
paperback and e-book

Ana Bilić: My Name is Monika – Part 2 / Moje ime je Monika – 2. dio
paperback and e-book

Ana Bilić: My Name is Monika – Part 3 / Moje ime je Monika – 3. dio
paperback and e-book

<u>***Level 5: Perfection Plus (C1) – up to 2800 words***</u>

Ana Bilić: The Encounter / Susret
paperback and e-book

Ana Bilić: The Date / Sastanak
paperback and e-book

<u>***Level 6: First Language (C2) – up to 3500 words***</u>

Ana Bilić: The Visit / Posjet
paperback and e-book

Ana Bilić: An Interesting Motive / Interesantan motiv
paperback and e-book

<u>***Level 7: Standard Literature - without vocabulary section***</u>

Snježana (Ana) Bilić: Život s voluharicama – nadrealne priče
paperback and e-book

Snježana (Ana) Bilić: Knjiga o Takama – bajke za odrasle
paperback and e-book

Ana Bilić: Ulica snova – fantastične priče
paperback and e-book

Ana Bilić: O jasnoći i drugim zabludama – pjesme
paperback and e-book

Please visit us on

www.croatian-made-easy.com

and learn more about other mini-novels and other learning material. New books and digital media are published continuously.